Lichtblicke

Lichtblicke

Gedichte, die Mut machen

Herausgegeben von Anton G. Leitner

RECLAM

2022 Philipp Reclam jun. Verlag GmbH,
Siemensstraße 32, 71254 Ditzingen
Umschlaggestaltung: zero-media.net
Umschlagabbildung: akg-images
Druck und buchbinderische Verarbeitung:
CPI books GmbH,
Birkstraße 10, 25917 Leck
Printed in Germany 2022
RECLAM ist eine eingetragene Marke
der Philipp Reclam jun. GmbH & Co. KG, Stuttgart
ISBN 978-3-15-011377-6
www.reclam.de

Inhalt

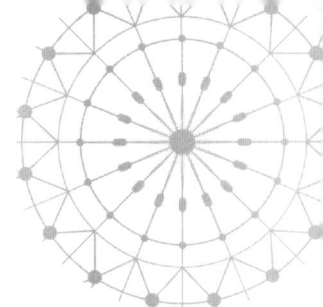

Erster Lichtblick

einfach glücklich

JOSEPH VON EICHENDORFF
Wünschelrute

Schläft ein Lied in allen Dingen,
Die da träumen fort und fort,
Und die Welt hebt an zu singen,
Triffst du nur das Zauberwort.

stardust

wos fiärä nachd!
sei leis
di schdern singä

stardust

was für eine nacht!
sei still
die sterne singen

Aus dem Fränkischen vom Autor

EMMY HENNINGS

Wie schön ist es

Wie schön ist es in dieser Nacht.
Was hat mich leiselieb geweckt?
Jetzt bin ich glücklich aufgewacht,
Und finde mich mit Licht bedeckt.

Licht liegt auf meiner rechten Hand.
Es spielt mit mir, das kleine Licht;
Ein zärtlich Zittern an weißer Wand.
Zum Himmel wend ich mein Gesicht.

Durchs offne Fenster kann ich sehen.
Ach, in der Ferne träumt ein Stern …
Will Heimweh wandern, winken, wehen …
Warum hab ich den Stern so gern?

Mondlandschaft

Oben brennt das gelbe Mutterauge.
Überall liegt Nacht wie blaues Tuch.
Fraglos ist, dass ich jetzt Atem sauge.
Ich bin nur ein kleines Bilderbuch.

Häuser fangen Träume bunter Schläfer
Wie in Netzen in den Fenstern auf.
Autos kriechen wie Marienkäfer
Leuchtende Straßen hinauf.

JOACHIM RINGELNATZ

Morgenwonne

Ich bin so knallvergnügt erwacht.
Ich klatsche meine Hüften.
Das Wasser lockt. Die Seife lacht.
Es dürstet mich nach Lüften.

Ein schmuckes Laken macht einen Knicks
Und gratuliert mir zum Baden.
Zwei schwarze Schuhe in blankem Wichs
Betiteln mich »Euer Gnaden«.

Aus meiner tiefsten Seele zieht
Mit Nasenflügelbeben
Ein ungeheurer Appetit
Nach Frühstück und nach Leben.

Vertraut

Wie liegt die Welt so frisch und tauig
Vor mir im Morgensonnenschein.
Entzückt vom hohen Hügel schau ich
Ins frühlingsgrüne Tal hinein.

Mit allen Kreaturen bin ich
In schönster Seelenharmonie.
Wir sind verwandt, ich fühl es innig,
Und eben darum lieb ich sie.

Und wird auch mal der Himmel grauer;
Wer voll Vertraun die Welt besieht,
Den freut es, wenn der Regenschauer
Mit Sturm und Blitz vorüberzieht.

MATHIAS JESCHKE

Das wilde Leben

Durch den Wald gehen. Atmen. Die Augen
aufspannen. Gehen, schreiten. An Hirsche
denken, die dort einmal ästen. Vögel hören,
dann beobachten, dann ihnen zuhören. Im
Meer schwimmen, im See, im Freibad. Die
Wellen brechen, den Sand unter den Füßen.
An den Turmfalken denken, der in diesem
Jahr ausblieb. Feuer machen, es entfachen.
Dem Graureiher dankbar sein, der am See
dir gegenüber steht und dir hilft, die graue
Trauer zu empfinden. Den Fisch auf Kohlen
grillen und ihn essen. Die Futtersäule für
die Vögel füllen, die am Morgen gern in
großen Scharen still den Garten besuchen.
Global Pop zum Tanzen hören, Bach und
Arvo Pärt. Singen, leise, laut und ja, auch
summen, zwitschern, flöten, Vogelstimmen
imitieren. Kinder auf die leichte Schulter
nehmen und auch auf den Arm. Und nicht
vergessen: Abenteuerromane lesen, in sie
tauchen. Kajak fahren. Küssen. Schweigen.
Auf schlanken Schiffen Inseln umrunden.
In die Hände klatschen. Freunde umarmen
usw. Ach, und Schwimmen! Habe ich schon
Schwimmen gesagt?

Uckermark-Tage

Im Schmetterlingsland, unter Grillen, Libellen
Am See, an einsamen Uferstellen
In Stille schwimmend, umgeben von Grün
und plötzlich springen die Fische – wie kühn

Die Ringelnatter wischt über den Weg
an dem Himbeeren leuchten und Schafgarbe steht
Ein dunkler Vogel zieht über den See
und ich bin verzaubert: Hier leuchtet der Klee!

Hier leuchtet der Sommer, die Welt!
– Oh, wie sie mir wieder gefällt!

Vom Schwimmen in Seen und Flüssen

1

Im bleichen Sommer, wenn die Winde oben
Nur in dem Laub der großen Bäume sausen
Muß man in Flüssen liegen oder Teichen
Wie die Gewächse, worin Hechte hausen.
Der Leib wird leicht im Wasser. Wenn der Arm
Leicht aus dem Wasser in den Himmel fällt
Wiegt ihn der kleine Wind vergessen
Weil er ihn wohl für braunes Astwerk hält.

2

Der Himmel bietet mittags große Stille.
Man macht die Augen zu, wenn Schwalben kommen.
Der Schlamm ist warm. Wenn kühle Blasen quellen
Weiß man: ein Fisch ist jetzt durch uns
                geschwommen.
Mein Leib, die Schenkel und der stille Arm
Wir liegen still im Wasser, ganz geeint
Nur wenn die kühlen Fische durch uns schwimmen
Fühl ich, daß Sonne überm Tümpel scheint.

Wenn man am Abend von dem langen Liegen
Sehr faul wird, so, daß alle Glieder beißen
Muß man das alles, ohne Rücksicht, klatschend
In blaue Flüsse schmeißen, die sehr reißen.
Am besten ist's, man hält's bis Abend aus.
Weil dann der bleiche Haifischhimmel kommt
Bös und gefräßig über Fluß und Sträuchern
Und alle Dinge sind, wie's ihnen frommt.

4

Natürlich muß man auf dem Rücken liegen
So wie gewöhnlich. Und sich treiben lassen.
Man muß nicht schwimmen, nein, nur so tun, als
Gehöre man einfach zu Schottermassen.
Man soll den Himmel anschaun und so tun
Als ob einen ein Weib trägt, und es stimmt.
Ganz ohne großen Umtrieb, wie der liebe Gott tut
Wenn er am Abend noch in seinen Flüssen schwimmt.

CHRISTIAN MORGENSTERN

Wenn es Winter wird

Der See hat eine Haut bekommen,
so dass man fast drauf gehen kann,
und kommt ein großer Fisch geschwommen,
so stößt er mit der Nase an.

Und nimmst du einen Kieselstein
und wirfst ihn drauf, so macht es klirr
und titscher – titscher – titscher – dirr …
Heißa, du lustiger Kieselstein!
Er zwitschert wie ein Vögelein
und tut als wie ein Schwälblein fliegen –
doch endlich bleibt mein Kieselstein
ganz weit, ganz weit auf dem See draußen liegen.

Da kommen die Fische haufenweis
und schaun durch das klare Fenster von Eis
und denken, der Stein wär etwas zum Essen;
doch so sehr sie die Nase ans Eis auch pressen,
das Eis ist zu dick, das Eis ist zu alt,
sie machen sich nur die Nase kalt.

Aber bald, aber bald
werden wir selbst auf eignen Sohlen
hinausgehn können und den Stein wieder holen.

Sozusagen grundlos vergnügt

Ich freu mich, daß am Himmel Wolken ziehen
Und daß es regnet, hagelt, friert und schneit.
Ich freu mich auch zur grünen Jahreszeit,
Wenn Heckenrosen und Holunder blühen.
– Daß Amseln flöten und daß Immen summen,
Daß Mücken stechen und daß Brummer brummen.
Daß rote Luftballons ins Blaue steigen.
Daß Spatzen schwatzen. Und daß Fische schweigen.

Ich freu mich, daß der Mond am Himmel steht
Und daß die Sonne täglich neu aufgeht.
Daß Herbst dem Sommer folgt und Lenz
        dem Winter,
Gefällt mir wohl. Da steckt ein Sinn dahinter,
Wenn auch die Neunmalklugen ihn nicht sehn.
Man kann nicht alles mit dem Kopf verstehn!
Ich freue mich. Das ist des Lebens Sinn.
Ich freue mich vor allem, daß ich bin.

In mir ist alles aufgeräumt und heiter:
Die Diele blitzt. Das Feuer ist geschürt.

An solchem Tag erklettert man die Leiter,
Die von der Erde in den Himmel führt.
Da kann der Mensch, wie es ihm vorgeschrieben,
– Weil er sich selber liebt – den Nächsten lieben.
Ich freue mich, daß ich mich an das Schöne
Und an das Wunder niemals ganz gewöhne.
Daß alles so erstaunlich bleibt, und neu!
Ich freue mich, daß ich … Daß ich mich freu.

Schönes, grünes, weiches Gras.
Drin liege ich.
Mitten zwischen Butterblumen!

Über mir,
warm,
der Himmel:
ein weites, zitterndes Weiss,
das mir die Augen langsam, ganz langsam
schliesst.

Wehende Luft, … ein zartes Summen.

Nun bin ich fern
von jeder Welt,
ein sanftes Rot erfüllt mich ganz,
und deutlich spür ich,
wie die Sonne mir durchs Blut rinnt –
minutenlang.

Versunken Alles. Nur noch ich.

Selig.

Am Ende erfreut
uns die Suppe
am Mittag
wie früher
das Finale
einer Sinfonie.

Aber eine gute,
heiße Suppe
haben wir zuvor
vielleicht auch
nie genügend
gewürdigt.

FRANK KLÖTGEN

Dreisatzrechnung

Die Idylle vor der Türe,
Knüllesein vom neunten Biere,
Sattgeküsst im Sonnenschein …

Ja, manchmal kann es einfach sein!

Atempause

Wieder unterwegs!
Endlich endet
das hypnotische Hellwachkoma,
die schafottöse Abschottung;
da wird selbst
der Sanifair-Bon
zu einer Eintrittskarte,
voll gleißender Verheißung,
für die asphaltenen Strebbögen –
doch der Weg ist nur dann das Ziel,
wenn er ziellos ist;
das Ziel ist nur dann ein Ziel,
wenn es keinen Weg dorthin gibt.
Hohe Hoffnungsschläge hege ich,
im gebeutelten Herzbeutel,
und rolle, noch ziemlich gerädert,
mit eisfreiem, herbstzeitlosem Gemüt
in den Sonnenaufgang aus lockerem Ocker.

SYLVIA SCHMIEDER

Biergarten Schwarzwaldstraße

Sie hat das Kleid an, endlich, über ein
Jahr ist es alt, nie getragen, ihr
fehlten die Anlässe, sagte man früher.

Er hat online Preise gecheckt. Zu hoch, sie
essen vorher. Die Bedienungen laufen
in Schwarz, mit Masken, noch immer,
          trotz der Hitze.

Ein rotes Zeltdach markiert die Bühne.
Sie begutachten die Würfelverstärker.
Kein Schlagzeug, nur Cajón, Hi-Hat,
          das gefällt ihm,

aber sie sind viel zu früh! Rutschen von
rechts nach links, auf den harten Klappstühlen.
Sie klemmt sich den Finger. Das Bier schwindet

wie die Sommerdreisam. Ein Maskierter fragt sanft,
ob sie Nachschub brauchen.
Sie verneinen verlegen. Da, plötzlich, sitzen

vier unterm Zeltdach, und der Bass blubbert los,
die Gitarre schmiegt sich, ein Beat packt zu,
nur um loszulassen. Der Sänger zieht
metallische Töne, *people get ready*,
sie bahnen Blues. Die zweite Gitarre
zuckt, der Strom steht still. Perlt, überstürzt sich.

Später hält Bill Withers eine Zehe
ernst und linkisch ins Meer.
Ain't no sunshine.
Da sind sie fast Musik. Gesichter
breit zerstreut. Scheint von innen
wie Abendsonne allgemeines Grinsen.

Ich möcht' wie ein Baum mich am Weg
aufpflanzen

Ich möcht' wie ein Baum mich am Weg aufpflanzen,
Mit jedem Blatt in der Liederluft tanzen.
Ich möchte mir Flügel schaffen wie Finken
Und in der Liedluft hinfliegend versinken.
Ein Lied verschiebt Berge und Dächer und Wände;
Ich möchte im Mai jetzt ein Nachtsänger sein
Und säng' mich im Schlaf zu der Liebsten hinein.
Ich möchte, ich möchte, ich möchte ohn' Ende –
Und hab' zum Umfangen nicht mehr als zwei Hände.

Radlers Seligkeit

Herrgott, wie groß ist die Natur!
Noch siebzehn Kilometer nur.
Ich radle, radle, radle.

Wie herrlich lang war die Chaussee!
Jetzt kommt das achte Feld voll Klee.
Ich radle, radle, radle.

Wer niemals fühlte per Pedal,
Dem ist die Welt ein Jammertal!
Ich radle, radle, radle.

Einst suchte man im Pilgerkleid
Den Weg zur ewigen Seligkeit.
Ich radle, radle, radle.

So kann man einfach an den Zehn
Den Fortschritt des Jahrhunderts sehn.
Ich radle, radle, radle.

Noch Joethe machte das zu Fuß,
Und Schiller ritt den Pegasus.
Ick radle!

SELMA MEERBAUM-EISINGER

Spätnachmittag

Lange Schatten fallen auf den hellen Weg
und die Sonne schickt noch letzte Abschiedswärme
und das dünne Zwitschern eines Vogels ist,
   als ob es lärme
und als stehl' es etwas von der Stille weg.
Menschen auf zehn Schritt Entfernung
sind wie aus ganz andern Welten
und fast möchte man die welken Blätter schelten,
dass sie rascheln und die letzten Sonnenstrahlen
   stören.
Und man möchte nur die Veilchen wachsen hören.

saugendes licht

mag diesen lichtfleck am
boden nach

erstem öffnen der
fenster

diesen lichtfleck der sich
ausbreitet zwischen

vorhängen leicht
schaukelnd

mag diesen lichtfleck am
boden der

aus schüchternem
tasten

weiterwandert
weitertrinkt sich
vollsaugt

bis er mein ganzes
zimmer

füllt

RAINER MARIA RILKE

Das Rosen-Innere

Wo ist zu diesem Innen
ein Außen? Auf welches Weh
legt man solches Linnen?
Welche Himmel spiegeln sich drinnen
in dem Binnensee
dieser offenen Rosen,
dieser sorglosen, sieh:
wie sie lose im Losen
liegen, als könnte nie
eine zitternde Hand sie verschütten.
Sie können sich selber kaum
halten; viele ließen
sich überfüllen und fließen
über von Innenraum
in die Tage, die immer
voller und voller sich schließen,
bis der ganze Sommer ein Zimmer
wird, ein Zimmer in einem Traum.

Im Auge der Kamera

Plattgemachte Pappkartons liegen
zwischen der Matratze und den hölzernen Paletten.
Arg karg hier.

Ein altes Tischgestell ist Wickelkommode.
Am Elternbett das Kind
in der Kuhle einer Babymatratze.
Arg karg hier.

Keine Wanne, kein Waschbecken
kein Klo, kein Wasser.
Arg karg im Bad.

Zerkloppte Kacheln und
Mauerbrocken.

Morgen kommen die Klempner.
Übermorgen kommen die Dachdecker.
Überübermorgen wird der Rasen gemäht
vielleicht, und Kartoffeln werden gekocht.

Heute aber liegt das Paar auf dem
neuen Sofa an der alten Tapete.
Kopf an Kopf mit seinem Kindchen
Arg, arg glücklich.

KARL KROLOW

Der Augenblick des Fensters

Jemand schüttet Licht
Aus dem Fenster.
Die Rosen der Luft
Blühen auf,
Und in der Straße
Heben die Kinder beim Spiel
Die Augen.
Tauben naschen
Von seiner Süße.
Die Mädchen werden schön
Und die Männer sanft
Von diesem Licht.
Aber ehe es ihnen die anderen sagen,
Ist das Fenster von jemandem
Wieder geschlossen worden.

Das Lächeln der Mona Lisa

Ich kann den Blick nicht von dir wenden.
Denn über deinem Mann vom Dienst
hängst du mit sanft verschränkten Händen
    und grienst.

Du bist berühmt wie jener Turm von Pisa,
dein Lächeln gilt für Ironie.
Ja ... warum lacht die Mona Lisa?
Lacht sie über uns, wegen uns, trotz uns, mit uns,
        gegen uns –
    oder wie –?

Du lehrst uns still, was zu geschehn hat.
Weil uns dein Bildnis, Lieschen, zeigt:
    Wer viel von dieser Welt gesehn hat –
    der lächelt, legt die Hände auf den Bauch
                        und schweigt.

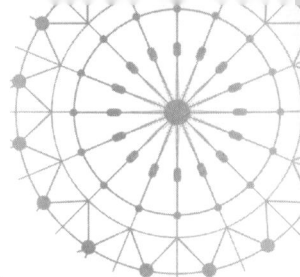

Zweiter Lichtblick

ja zum ja

RICHARD DEHMEL
Machtsprüche II

Wohin du blickst, ist Krieg auf Erden.
Wohin du blickst, kann Friede werden.

Alle Tage

Der Krieg wird nicht mehr erklärt,
sondern fortgesetzt. Das Unerhörte
ist alltäglich geworden. Der Held
bleibt den Kämpfen fern. Der Schwache
ist in die Feuerzonen gerückt.
Die Uniform des Tages ist die Geduld,
die Auszeichnung der armselige Stern
der Hoffnung über dem Herzen.

Er wird verliehen,
wenn nichts mehr geschieht,
wenn das Trommelfeuer verstummt,
wenn der Feind unsichtbar geworden ist
und der Schatten ewiger Rüstung
den Himmel bedeckt.

Er wird verliehen
für die Flucht von den Fahnen,
für die Tapferkeit vor dem Freund,
für den Verrat unwürdiger Geheimnisse
und die Nichtachtung
jeglichen Befehls.

JOSEPH VON EICHENDORFF

Waffenstillstand der Nacht

Windsgleich kommt der wilde Krieg geritten,
Durch das Grün der Tod ihm nachgeschritten,
Manch Gespenst steht sinnend auf dem Feld,
Und der Sommer schüttelt sich vor Grausen,
Lässt die Blätter, schließt die grünen Klausen,
Ab sich wendend von der blutgen Welt.

Prächtig war die Nacht nun aufgegangen,
Hatte alle mütterlich umfangen,
Freund und Feind mit leisem Friedenskuss,
Und, als wollt der Herr vom Himmel steigen,
Hört ich wieder durch das tiefe Schweigen
Rings der Wälder feierlichen Gruß.

Hallo!

Du kleines Mädchen
mit dem dreibeinigen Spitz an der Leine!

Du Fensterputzer
dem gerade der Eimer umgekippt ist!

Du schöne Trauerweide auf dem Parkplatz
die sich nachts heimlich ritzt!

Du Brunnenposeidon
in Schlappen und Bademantel!

Du enttäuschtes Eichhörnchen
das Los um Los mit flinken Fingern öffnet
aber nur Nieten hat!

Wollen wir nicht zusammen
ein Baseballteam aufstellen?

Wir gegen das Nichts!

Ich habe auch keinen Schimmer von Baseball –

Aber wir könnten
eine Menge Spaß haben!

Und das Licht feuert uns an!

HILDE DOMIN
        Nicht müde werden

Nicht müde werden
sondern dem Wunder
leise
wie einem Vogel
die Hand hinhalten.

        LUTZ RATHENOW
        Hoffnungslicht. Rebellion

Ein Vogel verirrte sich in das Zimmer.
· · · · ·
Ich stemme die Mauern auf,
dass er wieder hinausfindet.

Fliegen

Als ich an einem heißen Hochsommertag
wieder einmal durchs Haus ging
und die Fliegen,
die gegen die Fensterscheiben brummten
und sich leider nicht umdrehten,
mit einem Glas
und einem Stück Pappe
behutsam einfing und über die Balkontür
in die Freiheit ließ,
hörte ich, wie eine der ganz kleinen Fliegen
        flüsterte:
»Der hat mich schon zweimal gerettet.
Den mag ich.«
Aber weil im selben Moment ein Wind aufkam
und ein Gewitter loswetterte,
bin ich nicht sicher, ob ich das wirklich
gehört habe.
Ich sah nur noch,
wie die ganz kleine Fliege flugs
unter einem ganz kleinen Birkenblatt
Zuflucht fand.

PHILIP SAß

Die Entführung

Schwer lag der Abend über tristen Gärten,
ein mieser Dichter reimte ein Sonett,
und sieben kleine Beteigeuzer zerrten
in Detmold einen Menschen aus dem Bett.

Die letzten Einschlafhoffnungen verebbten,
als jäh der höchste Ton der Welt erklang,
und sieben kleine Beteigeuzer schleppten
den armen müden Menschen in den Gang,

die Treppen runter und dann aus dem Haus.
Er flehte, weinte, zeterte und schlug
zu keiner Zeit; er sah im Gegenteil

zum ersten Mal am Abend glücklich aus,
als grünes Licht ihn langsam höher trug:
kein Jobcenter-Termin am Morgen. Geil!

Kluge Sterne

Die Blumen erreicht der Fuß so leicht,
Auch werden zertreten die meisten;
Man geht vorbei und tritt entzwei
Die blöden wie die dreisten.

Die Perlen ruhn in Meerestruhn,
Doch weiß man sie aufzuspüren;
Man bohrt ein Loch und spannt sie ins Joch,
Ins Joch von seidenen Schnüren.

Die Sterne sind klug, sie halten mit Fug
Von unserer Erde sich ferne;
Am Himmelszelt, als Lichter der Welt,
Stehn ewig sicher die Sterne.

HANS MAGNUS ENZENSBERGER

Der Fliegende Robert

Eskapismus, ruft ihr mir zu,
vorwurfsvoll.
Was denn sonst, antworte ich,
bei diesem Sauwetter! –,
spanne den Regenschirm auf
und erhebe mich in die Lüfte.
Von euch aus gesehen,
werde ich immer kleiner und kleiner,
bis ich verschwunden bin.
Ich hinterlasse nichts weiter
als eine Legende,
mit der ihr Neidhammel,
wenn es draußen stürmt,
euern Kindern in den Ohren liegt,
damit sie euch nicht davonfliegen.

Erdgeist

Greife wacker nach der Sünde;
Aus der Sünde wächst Genuss,
Ach, du gleichest einem Kinde,
Dem man alles zeigen muss.

Meide nicht die ird'schen Schätze:
Wo sie liegen, nimm sie mit.
Hat die Welt doch nur Gesetze,
Dass man sie mit Füßen tritt.

Glücklich, wer geschickt und heiter
Über frische Gräber hopst.
Tanzend auf der Galgenleiter
Hat sich keiner noch gemopst.

JOHANN WOLFGANG GOETHE

Trost in Tränen

Wie kommt's, dass du so traurig bist,
Da alles froh erscheint?
Man sieht dir's an den Augen an,
Gewiss du hast geweint.

Und hab' ich einsam auch geweint,
So ist's mein eigner Schmerz,
Und Tränen fließen gar so süß,
Erleichtern mir das Herz.

Die frohen Freunde laden dich,
O! komm an unsre Brust!
Und was du auch verloren hast,
Vertraue den Verlust.

Ihr lärmt und rauscht, und ahndet nicht,
Was mich den Armen, quält.
Ach nein! verloren hab' ich's nicht,
So sehr es mir auch fehlt.

So raffe denn dich eilig auf,
Du bist ein junges Blut.
In deinen Jahren hat man Kraft,
Und zum Erwerben Mut.

Ach nein! erwerben kann ich's nicht,
Es steht mir gar zu fern.
Es weilt so hoch, es blinkt so schön,
Wie droben jener Stern.

Die Sterne, die begehrt man nicht,
Man freut sich ihrer Pracht,
Und mit Entzücken blickt man auf
In jeder heitern Nacht.

Und mit Entzücken blick' ich auf,
So manchen lieben Tag,
Verweinen lasst die Nächte mich,
So lang' ich weinen mag.

Überlass es der Zeit

Erscheint Dir etwas unerhört,
Bist Du tiefsten Herzens empört,
Bäume nicht auf, versuch's nicht mit Streit,
Berühr es nicht, überlass es der Zeit.
Am ersten Tag wirst Du feige Dich schelten,
Am zweiten lässt Du Dein Schweigen schon gelten,
Am dritten hast Du's überwunden,
Alles ist wichtig nur auf Stunden,
Ärger ist Zehrer und Lebensvergifter,
Zeit ist Balsam und Friedensstifter.

Wehmut

ist unbedingt zu genießen.
Am besten im Ohrensessel,
damit du was hast,
an das du dich dabei anlehnen kannst,

bis du nach passabler Zeit
gestärkt deinen Sessel verläßt,
um deine Welt der Reihe nach
wieder ins Lot zu bringen.

GERHARD RÜHM

im hof

im hof
eines brüchigen hauses
sass auf einem mauervorsprung
ein alter mann
um ein gedicht über »hoffnung« zu schreiben
doch fehlte ihm noch
ein zweites »f« dazu

nun –
da war ein »g« am ende
doch das kann dafür als ersatz nicht gelten

so sass er da
und starrte ratlos in den leeren hof
ohne ein weiteres »f« zu inden
kein »f« log ihm zu
ein gedicht über das schöne thema zu schreiben

Hoffnung

Es reden und träumen die Menschen viel
   Von bessern künftigen Tagen,
Nach einem glücklichen, goldenen Ziel
   Sieht man sie rennen und jagen.
Die Welt wird alt und wird wieder jung,
Doch der Mensch hofft immer Verbesserung.

Die Hoffnung führt ihn ins Leben ein,
   Sie umflattert den fröhlichen Knaben,
Den Jüngling locket ihr Zauberschein,
   Sie wird mit dem Greis nicht begraben;
Denn beschließt er im Grabe den müden Lauf,
Noch am Grabe pflanzt er – die Hoffnung auf.

Es ist kein leerer, schmeichelnder Wahn,
   Erzeugt im Gehirne des Toren,
Im Herzen kündet es laut sich an:
   Zu was Besserm sind wir geboren.
Und was die innere Stimme spricht,
Das täuscht die hoffende Seele nicht.

JÜRGEN BULLA

Wieder hin

Mit Nils J. die unbeschwerten
Jahre sag was willst du einmal
lass nur ich bin es schon warum
die Wirklichkeit bemühen wenn
die Fantasie uns antreibt Bilder
im Kopf und Polaroids Piraten
Cowboys Rockstars voller Staunen
siehst du unseren verblassten
Gesichtern an dass wir das alles
wirklich einmal waren sieh dich
an sieh zu zu dieser Zuversicht
da wolln wir wieder hin

Altenheim

Wenn es Herbst wird
und ich ins Heim gehe,
um das Laub zu fegen,
werden die Alten
sehr aufgeregt und bitten,
die Blätter hier nicht
und da nicht aus dem Gras
zu kämmen.

Die Schneeglöckchen darunter
würden sonst erfrieren.

Die Alten tun etwas
für ihre Hoffnung
und stecken mir
zehn Euro zu.

ANNA BREITENBACH

Wolliges

Wollte ich nicht mal in Ruhe alt
werden wollen? Nein, wollte ich
noch nie.
Wollte ich in Ruhe nichts mehr
wollen wollen? Nein, wollte ich
noch nie.
Wollte ich immer weiter wollen
wollen, mit allem, was mich voll
wolllustig macht, ein rollendes,
wollendes, tollendes Wollknäuel,
und den Faden fest in der Hand.
Das wollte ich immer, ja: woll!

Asphaltheldinnen

Die taubenblaue Ente
der beiden alten Damen,
eifrig schnatternd mit gut
vierzig Sachen unterwegs
samt Spitzenkragen und
Strohhütchen auf dauer-
gewelltem weißem Haar,
parkt später unschuldig
vor dem FKK-Gelände.

IRENA HABALIK

    Es ist Zeit, sagst du

Zeit zu den Wurzeln zu gelangen
und an die Erdkruste zu klopfen
bis sie locker wird und antwortet
Zeit die Bäume zu umarmen Steine zu streicheln
Spuren im Schnee zu hinterlassen
für späteres Erinnern
Zeit die Finger auf die Lippen zu legen
nein zu sagen wenn ja versagte und umgekehrt
Zeit das ewige Raddrehen zu unterbrechen
Zeit für Reparaturen
im Keller am Schädel und
in der Welt, der beschädigten

mal hoffen gesagt

ist der hosenstall
hoffen
dann steht dir der mund
hoffen
halte die augen
hoffen
und auch die ohren
hoffen

wer hat wohl den arsch
hoffen
sag es mir gerne
hoffen
selbst das ende bleibt
hoffen
ja alles ist noch
hoffen

ALFONS SCHWEIGGERT

Before I die I want to …

2011 bemalt die Künstlerin Candy Chang
an einer Straßenecke in New Orleans
ein altes Haus mit Tafelfarbe.
Sie lässt die Farbe trocknen und
schreibt achtzig Mal darauf:
Before I die I want to …

Hinter jedem Halbsatz lässt sie eine Lücke.
Dann schraubt sie eine Kiste
mit bunten Kreidestücken an die Wand

und wartet.

Am nächsten Tag sind die Lücken alle gefüllt.
Passanten hatten in die Kreidekiste gegriffen
und an die Wand geschrieben, was sie
mit ihrem Leben anfangen wollen,

bevor es zu Ende geht:

Bevor ich sterbe, will ich Gitarre spielen lernen.
Bevor ich sterbe, will ich Polarlichter beobachten.
Bevor ich sterbe, will ich ein eigenes Buch schreiben.

Bevor ich sterbe, will ich die Pyramiden sehen.
Bevor ich sterbe, will ich meine Rente genießen.
Bevor ich sterbe, will ich ein Bäumchen pflanzen.
Bevor ich sterbe, will ich einen Brunnen
      in Afrika bauen.
Bevor ich sterbe, will ich vor Publikum singen.

Niemand schrieb:

Bevor ich sterbe, will ich ein neues Smartphone
      kaufen.

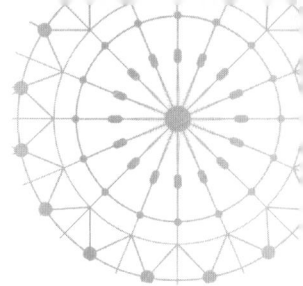

Dritter Lichtblick

vereinzelt sonnig

WOLFGANG BORCHERT

Ich möchte Leuchtturm sein
in Nacht und Wind –
für Dorsch und Stint,
für jedes Boot –
und ich bin doch selbst
ein Schiff in Not!

Nur nicht wie die Unken,
Die da wassertrunken
Klagen aus dem Teich,
Sondern wie die Vögel,
Die doch in der Regel
Fröhlich singen von dem Zweig!

MICHAEL AUGUSTIN
Trostgedicht

Je höher
dein Misthaufen

desto besser
die Aussicht

so sollte es sein
zu wissen dass der fahrstuhl stecken bleibt
und man steigt nicht ein oder dass ein haus
einstürzen wird und man geht nicht hinein
zu wissen wo ein weiterer schlüssel liegt
wenn man den schlüssel verlegt hat
zu wissen wie der leib zu finden
ist den man verloren hat

FRED ENDRIKAT

Stammbuchvers

Wenn etwas schön ist, komme nicht in Wut
durch irgendeinen kleinen Zwischenfall.
Kackt dir mal eine Nachtigall auf deinen Hut –
dann freu dich an dem Lied der Nachtigall.

Alle mal herhören!

Ihr Dinosaurier,
Auerochsen und Berberlöwen.
Ihr Wollnashörner, Dodos und Labradorenten.
Tasmanischen Beutelwölfe. Magenbrüterfrösche.
Ihr Neuseeländischen Forellenhechtlinge,
Kurznasen-Maränen und Blauen
        Glasaugenbarsche.
Ihr Karpatenwisente, Kaninchennasenbeutler,
Breitwangen-Hüpfmäuse und Riesenfingertiere.
Ihr Schlitzrüssler und Sardischen Pfeifhasen.
Ihr Stummelschwanzferkelratten,
        Nacktbrustkängurus
und Südlichen Wüstenwarzenschweine …

Ihr, die ihr ausgestorben seid
vor Hunderten, vor Tausenden von Jahren,
hört und lasst euch sagen:
Wir werden die Zeiger der Weltenuhr
        zurückdrehen
und noch einmal von vorn beginnen!
Auf geht's!

Fink Positive

Ein Tiergedicht über Optimismus, Vielfalt und die Folgen von Schubladendenken. Inspiriert von der Th-Schwäche meines Vaters. Er tauscht das Th gerne gegen ein F und sagt dann Dinge wie »Fänk ju«. Auf diesem Wege hat er ganz nebenbei und ohne es zu ahnen, den Titelhelden des folgenden Textes erschaffen.

Dort, wo Panther hinter Stäben leben,
Hyänen dem Schicksal sich gähnend ergeben,
wo Ziegen gestreichelt den Notstand verwalten,
Erdmännchen Ausschau nach Kassenschluss halten,
weil das Beben der regen Besucherpest
ihre Gänge im Boden bald einstürzen lässt.
Wo das Stinktier die Freude am Stinken verliert,
weil der Gestank der Langeweile über allem
      triumphiert,
Alpakas den Gleichklang des Alltags nicht packen
auf Lachgas mit Nachbarin Lama versacken.
Die Hummer im Kummer nur stumm leer
      umherblicken,
Flundern verwundetes Heimweh gen Meer schicken,
selbst Kängurus nur noch phlegmatisch hoppeln
und Nasenbären in ihren Nasen poppeln …

Dort ist einer der Orte, den der Mensch als Tierpark
    bezeichnet
und er ist durchaus geeignet,
um Tiere zu parken,
ein zoologischer Garten
vieler Wesen und Arten,
die hier leben und warten,
was das Dasein so bringt,
wenn man den Fluchtinstinkt
mit Grenzen bezwingt.

Dort steckt alles knietief im Stimmungsmief.
Die Hälfte der Viecher ist schwer depressiv.
Ein Heer von Psychozoologen
hat schon mehrfach erwogen,
die Bewohner des Zoos
mit pharmazeutisch erprobten Heiterkeitsdrogen
neurologisch zu dopen.
Auch Gruppengespräche wurden geboten,
doch was blieb, waren hängende Ohren und Pfoten.
Kein Tier war
therapierbar.

Bis auf ein Ausnahmewesen
im WG-Gehege mit den Giraffen,
im Federkleid der Zufriedenheit,
einer der weiß, er kann alles schaffen,

68 wenn er nur will
    mit dem Skill
    auch dem widrigsten Umstand wohlwollend
        zu begegnen,
    es könnte stürmen, hageln, schneien oder regnen,
    ihm schiene die Sonne aus dem gefiederten Po.
    Ein richtiger Spaßvogel lebt also auch hier im Zoo.

    Ein grenzenloser Optimist,
    dessen Name Fink Positive ist.

    Er liebt die Vielfalt der bunten Gehege,
    das verwunschene Flair der verschlungenen Wege,
    auf denen tausendfaches Kinderlachen in den
        Himmel hallt
    und sich mindestens alle elf Minuten ein Single
        verknallt,
    weil die Menschen sich freuen an fruchtbarer Fauna,
    zwischen all diesen Wesen ist man dem Leben
        so saunah.

    Doch im Innern der Wesen herrscht bittere Kühle,
    verwittern Gefühle,
    und der Fink wünscht sich nichts mehr als dem
        steten Erkalten
    etwas entgegenzuhalten.

Er twittert: »Sorge dich nicht – schwebe!«
Und erntet wütende Retweets aus dem
        Nilpferdgehege.
Dann spielt er als DJ Positive im Zooradio
(gesungen) »Freude schöner Götterfinken«
von morgens an bis Ultimo.
Jetzt schreibt selbst das Tierparktageblatt,
dass er einen Vogel hat.
Er solle Origamikraniche falten
und einfach mal den Schnabel halten.
Doch Fink Positive kann sowas nicht schocken.
Im Namen des Frohsinns bleibt er unerschrocken
und fliegt in das bewaldete Habitat
seiner klügsten Freunde, Fink Deep und Fink Twice,
        und fragt sie um Rat.

Auf höchstem Ast mit baumelnden Krallen,
vogelfrei, keine Angst vor dem Fallen,
sitzen die drei nun und denken schwer nach,
was wohl im Innern der Tiere zerbrach.
Über den Köpfen der Finken steigt Rauch auf
in Form von kleinen Fragezeichen,
lockt Eichhörnchen, Käfer und Mäuse den Baum rauf,
gewillt hilfreiche Antworten darzureichen.
Versammeltes Grübeln,
mehr Köpfe, mehr Rauch.
Man sieht ihn jetzt auch

jenseits des Waldes von den weit entfernten
Häuserblocks.
Viele strömen heran und inmitten der Menge,
da steht ER – Fink Outside the Box.
Oder kurz Fox.
Man macht ihm Platz, denn er ist bekannt für
Weisheit und Weitsicht,
einer, der bei Streiten anderer häufig das Eis bricht.
Das weiß selbst der Luchs – Fox ist ein Fuchs!
Der Probleme löst, wie Schraubenzieher Schrauben,
und auch jetzt ist es er, an den alle glauben.
So hebt er die Stimme und spricht in den Wind:
»Ihr fragt euch, wieso
die Tiere im Zoo
so unglücklich sind?
Nicht. Euer. Ernst.
Ich bin der Fink mit Sachverstand am Tellerrand und
darüber hinaus
und ich sage euch, aus der Vogelperspektive sieht das
Leben oft echt easy aus.
Doch wenn man drinsteckt in all dieser Scheiße,
dann kriegt man 'ne Meise
und dann auch noch jeden Tag das Gleiche
Klischeegehege quadratmeterweise ...«
Obwohl Fox noch immer spricht, fliegt Fink Positive
schon los.
Er hat endlich die Message zur Rettung des Zoos

und klemmt sich hinters Mikro des Zooradios:
»Hallo Leute, ich bin's, euer Fink,
und ich think,
ich weiß, was euch fehlt,
ihr seid so gequält,
weil ihr nicht dürft, wie ihr könnt,
weil euch niemand ein Dasein ohne Schubladen
    gönnt!«

Das Alpaka schreit: »Ja!«
und reißt sich die Schleife aus dem lockigen Haar.
»Ich dropp' den Modeljob auf der Alpakafarm.
Schluss jetzt mit dem Schönheitskram.
Ich will endlich Bagger fahren!«

Das Nilpferd singt beschwingt: »Tüdeldü!«
und zückt entzückt sein Tütü!
(französischer Akzent)
»Wer nochmal sagt, ich sei zu fett(e),
dem zeig' ich meine Pirouette.
Ich für meinen Teil, mach' jetzt Ballett, ey!«

Auch die Stinktiere ignorieren jegliche Kritik,
denn für manch Nase ist ihr Geruch wie Musik.
Sie gründen eine olfaktorische Band,
die ihre Lieder stinkt und sich »Skunk Anansie« nennt.

72 Über allem weht der Wind der Veränderung;
keiner macht mehr wegen Aussehen, Herkunft
    oder Gender rum.
Auch Fink Positive freut sich darüber fast um
    den Verstand
und nimmt nach dem Glück der anderen jetzt
    auch sein eigenes in die Hand.
Mit der Gewissheit, alles zu schaffen,
fliegt er ins WG-Gehege zu den Giraffen
und raunt seiner Lieblingsgiraffe sanft zu:
»I fink, I love you!«
Und dann küssen sie sich. Zum blumigsten Lied
    der Stinktierband.
Das ist selbst für Fink Positive ein krasses Happy End!

Spinne Elster Gras Hund Apfel

Ich gehe hin und her
setz ich mich halbwegs hin
steh ich schon wieder auf

Seh neue Spinnenfäden am Fenster
Lass sie. Elstern warten auf
den Ästen in der glänzenden Luft

Mir fehlt ich weiß nicht was
War alles nur geliehen

Im Garten das geschnittene Gras
querkreuz in Garben mit Glasur

Und wie der kleine Hund
am Bauch des alten atmet
rührt tiefer als ich denke

Wie wenn du etwas essen willst
Und nur ein Apfel ist noch da
So hungern an Erinnerung

JÜRGEN FLENKER

pressschlag

den kürzeren gezogen
damals als ein pressschlag den ball
über den zaun befördert hatte
in den verwilderten garten des nachbarn
den man nie zu gesicht bekam
und dem nicht zu trauen war
weil er seine anlagen nicht pflegte
wie du hinüberwanktest
auf deinen streichholzbeinen
das stolperherz in beiden händen
wie dein finger schweißnass
beinahe festklebte an klingelknopf
wie der nachbar
ganz ohne gezücktes messer
in der tür erschien und den ball
lächelnd herüberreichte

Austernzeit

Es sei notwendig sich zurückzuziehen sich zu
Verschließen in einen finstereren raumlosen Ort
Dort abzuwarten in berührungsloser Kälte
Es ist ein Haus kein Zuhause Nur Träume
      Das ist zu wenig
Kostbar sind die Erinnerungen an das schöne Leben
Doch im Finstern eingeschlossen sind sie nichts wert

Es ist gut zu verstehen wer man ist
Es ist besser zu wissen wer man mit anderen ist
Die Zeit der Umarmungen ist nicht vorbei
Willst du das Licht sehen stell dich ans Fenster
Soll dein Herz weiter schlagen musst du furchtlos sein

DAGMAR NICK

Herz

Mein Wildfang, wer hat dich
gezähmt, wer, wenn nicht
das ganz gewöhnliche Leben
mit seinen Fallstricken, den
Scheintüren und verminten Gestaden,
von wo es kein Entkommen gibt,

daß du nun still bist in Erwartung
des letzten Befehls: deine Schotten
dicht zu machen, um mit mir
die Stellung zu räumen und vielleicht
über unsere Verwandlung
noch eine zuckende Erdsekunde
zu staunen.

Diagnose Krebs

oder

Alles wird gut

Erst kam der berühmte
Schuß vor den Bug.
Zuvor war ich dumm,
hernach war ich klug.

Dann folgte der klassische
Schlag ins Kontor.
Darauf war ich klüger
als jemals zuvor.

Undenkbar, daß solch einem
blitzklugen Mann
noch irgendein Tod
etwas anhaben kann.

GEORG BYDLINSKI

Herbstspaziergang

Ob es denn noch Hoffnung gäbe
fragt der Freund
der uns begleitet

Meine Kinder laufen
durch das raschelnde
Laub auf der Wiese

umkreisen uns
lachend
legen den fünffachen Weg zurück

rufen plötzlich
den Namen des Freundes
werfen ihm Kastanien zu

PATRICK BECK

Am Weg der Schneebuddha

Am Weg der Schneebuddha –
geschmolzen.
Nur der Schnee,
nicht der Buddha.

KURT MARTI

großer gott klein

großer gott:
uns näher
als haut
oder halsschlagader
kleiner
als herzmuskel
zwerchfell oft:
zu nahe
zu klein –
wozu
dich suchen?

wir:
deine verstecke

JOHANN WOLFGANG GOETHE

Hoffnung

Schaff, das Tagwerk meiner Hände,
Hohes Glück, dass ich's vollende!
Lass, o lass mich nicht ermatten!
Nein, es sind nicht leere Träume;
Jetzt nur Stangen, diese Bäume
Geben einst noch Frucht und Schatten.

FRIEDRICH HÖLDERLIN

Ehmals und Jetzt

In jüngern Tagen war ich des Morgens froh,
Des Abends weint' ich; jetzt, da ich älter bin,
   Beginn' ich zweifelnd meinen Tag, doch
      Heilig und heiter ist mir sein Ende.

Frühling

Sonne. Und noch ein bisschen aufgetauter Schnee
und Wasser, das von allen Dächern tropft,
und dann ein bloßer Absatz, welcher klopft,
und Straßen, die in nasser Glattheit glänzen,
und Gräser, welche hinter hohen Fenzen
dastehen, wie ein halbverscheuchtes Reh …

Himmel. Und milder, warmer Regen, welcher fällt,
und dann ein Hund, der sinn- und grundlos bellt,
ein Mantel, welcher offen weht,
ein dünnes Kleid, das wie ein Lachen steht,
in einer Kinderhand ein bisschen nasser Schnee
und in den Augen Warten auf den ersten Klee –

Frühling. Die Bäume sind erst jetzt ganz kahl
und jeder Strauch ist wie ein weicher Schall
als erste Nachricht von dem neuen Glück.
Und morgen kehren Schwalben auch zurück.

TANJA DÜCKERS

Fenster, nachts

Über unsere Decken wandert
ein heller Streifen Licht
jeder deiner Finger
leuchtet einmal einzeln auf

SABINE FISCH

Selfmade Summer

Sie hat in der Nacht gebastelt:
eine fette Sonne aus Papier.

Und sie sich morgens
auf den Rücken getackert

für einen glorreichen Sommer.

Mann, einen Baum pflanzend

Er kniet im Gras
senkt die Wurzel ins Loch,
legt Seitenwurzeln aus,
richtet das Stämmchen, streut Krumen,
Widerschein im Gesicht,
Erdstrahlung, abends,
gespeicherte Wärme.

Jetzt steht er auf, nimmt Abstand, prüft
die Vertikale, schaufelt, tritt fest,
hämmert den Pfahl ein, die Schnur
verbindet Stütze und Stamm.

Eine Linde, Linden werden alt.
Ob sie dem Smog widersteht? Den Böen
gottverlassener Winternächte?
Er betastet die Rinde, vermeidet
an Knospen zu rühren,
denkt sich Vögel in die Krone,
das Mirakel der Nester,
Blütenwolke und Bienensturm.

Dieser Baum wird ihn überleben.

84   Reiser; zeichnen Netze ins Märzgras –
     dieser Baum wird ihn überleben,
     geht er in sich, Ringe zu wachsen,
     den Geist zu bergen, anwesend
     im Schatten, im Schimmer
     von Blatt zu Blatt.

Der Apfelgarten

Borgeby-Gård

Komm gleich nach dem Sonnenuntergange,
sieh das Abendgrün des Rasengrunds;
ist es nicht, als hätten wir es lange
angesammelt und erspart in uns,

um es jetzt aus Fühlen und Erinnern,
neuer Hoffnung, halbvergessnem Freun,
noch vermischt mit Dunkel aus dem Innern,
in Gedanken vor uns hinzustreun

unter Bäume wie von Dürer, die
das Gewicht von hundert Arbeitstagen
in den überfüllten Früchten tragen,
dienend, voll Geduld, versuchend, wie

das, was alle Maße übersteigt,
noch zu heben ist und hinzugeben,
wenn man willig, durch ein langes Leben
nur das Eine will und wächst und schweigt.

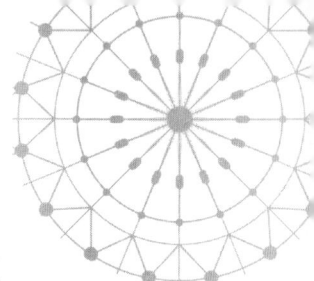

Vierter Lichtblick

gemeinsam weiter

THEODOR STORM

Trost

So komme, was da kommen mag!
So lang du lebest, ist es Tag.

Und geht es in die Welt hinaus,
Wo du mir bist, bin ich zu Haus.

Ich seh dein liebes Angesicht,
Ich sehe die Schatten der Zukunft nicht.

meine mutter und ich

meine mutter spielt ihre flöte ich
kenne noch keine noten die töne fliegen fort
sie kommen mich zu betören

meine mutter singt ganz leis die nachbarn
hören mit ich lache das ist schön
wir wollen keinen stören

meine mutter tanzt am abend bald ist
dein vater da ich schwebe hin und
her meine mutter ist so nah

meine mutter streicht sich morgens als erstes
über den bauch ich folge ihrer sanften hand
hinter der dünnen der weichen wand

meine mutter spielt ihre flöte das
macht sie nur für mich und wenn sie mit
mir spricht wird alles hier drin ganz licht

Der Nährvater

In der verrufenen Straße lag sie dicht
Am Gossenrand, als er sie fand: Schlafend,
     ganz fremd
Und frierend im geblähten Seidenhemd,
Noch Abglanz toter Lust im Angesicht.

Er nahm sie mit sich heim und gab ihr Licht
Von seiner Wärme: ihr, die angeschwemmt
Wie Treibholz kam, und, gegen Weh'n gestemmt,
Aufschrie – wie Holz kreischt, das die Axt zerbricht.

Und als das Kind zum erstenmal gewimmert,
Da hüllt' er's ein in seinen Arbeitszwilch,
Legt's in die Wiege, die er selbst gezimmert.

Geruch nach Windeln und nach Muttermilch
Quoll durch den Werkstattdunst von Span
     und Leim:
Jetzt – war er Vater! Und erst jetzt daheim.

Alles ist unbezahlbar.
Der Geschmack von Kuchen.
Das Lächeln,
wenn du beim Vorlesen zuhörst.
Der Moment,
wenn du dir selbst auf die Schulter klopfst,
weil dir keiner helfen soll,
wenn du dich verschluckt hast;
auch ich nicht.
Die Freude,
wenn du am Morgen zu mir ins Bett schlüpfst
und mir zeigst,
wie quietschvergnügt
Tage anfangen
können.

ERICH KÄSTNER

Stiller Besuch

Jüngst war seine Mutter zu Besuch.
Doch sie konnte nur zwei Tage bleiben.
Und sie müsse Ansichtskarten schreiben.
Und er las in einem dicken Buch.

Freilich war er nicht sehr aufmerksam.
Er betrachtete die Autobusse
und die goldnen Pavillons am Flusse
und den Dampfer, der vorüberschwamm.

Langsam fiel der Vollmond in ein Haus.
Und weil er wie eine Münze rollte,
schien es fast so, als ob Gott sparen wollte.
Gottes Sparsamkeit sieht anders aus ...

Seine Mutter hielt den Kopf gesenkt.
Und sie schrieb gerade an den Vater:
»Heute Abend gehn wir ins Theater
Erich kriegte zwei Billetts geschenkt.«

Und er tat, als ob er fleißig las.
Doch er sah die Nähe und die Ferne,
sah den Himmel und zehntausend Sterne
und die alte Frau, die drunter saß.

Einsam saß sie neben ihrem Sohn.
Leise lächelnd. Ohne es zu wissen.
Stadt und Sterne wirkten wie Kulissen.
Und der Wirtshausstuhl war wie ein Thron.

Ihn ergriff das Bild. Er blickte fort.
Wenn sie mir schreibt, musste er noch denken,
wird sie ihren Kopf genauso senken.
Und dann las er. Und verstand kein Wort.

Seine Mutter saß am Tisch und schrieb.
Ernsthaft rückte sie an ihrer Brille.
Und die Feder kratzte in der Stille.
Und er dachte: Gott, hab ich sie lieb!

PAUL-HENRI CAMPBELL

geschälte mandarinen

sie hätte geweint sagt neulich mir die mutter
sie hätte das lehrbuch aufgeschlagen tags drauf
gelesen dass geschöpfe wie sie eins entband

mit einer 80%igen rate sterben
die gräber zu öffnen sei not im ersten jahr
doch wer sorgt sich nicht um sein kind sie glaubte

die zeit zu finden die die wunden heilt
geschälte mandarinen mit mir essen nach jahren
darin sie mich dem leben hinhielt ihre frucht

ja sicher teil dieser hingabe zu sein ist furchtbar
und schwer sie schuf eine welt darin ich bin
versprach mein herz zu sein unwiderruflich

Enkel

Er schaut aus dem Fenster
in unser Nachher.
Seine vollkommenen Füße
willig, die Strecke zu laufen.
Seine Hände fassen Bauklötzchen an,
berühren das Gesicht der Urgroßmutter,
wie ein Bergsteiger den Felsen abtastet.

Er baut Dämme für künftige Fluten,
Denkmäler künftiger Erinnerungen.
Er staunt über Schmetterlinge,
sucht den Kuckuck, der
auf YouTube singt.
Er glaubt an Bilder,
an die Sonne, die auch ohne
uns aufgehen wird.

Er nimmt uns mit in ferne Länder,
die wir nicht besuchen werden.

SALEAN A. MAIWALD

Verwandt

Ein Freund aus Haifa
sieht hinaus aufs Meer:
Franzosen und Deutsche, einst
Erzfeinde und kriegerisch
nun verbündet

Der Freund aus Haifa
blickt hinüber zum Land:
Araber und Juden
eint Ahn Abraham
die Mütter verschieden:
Hagar gebar Ismael
und Sara Isaak
Ungeachtet allen Streits
begruben die Söhne
den Vater gemeinsam

Übers Meer und ins Land
schaut der Freund:
Friede heißt *salam* und *schalom*
auf Arabisch und Hebräisch und
Bruder heißt *Ach*
in beiden Sprachen
So nah
verwandt

Der Morgenkuss nach einem Ball

Durch eine ganze Nacht sich nahe sein,
So Hand in Hand, so Arm im Arme weilen,
So viel empfinden ohne mitzuteilen –
Ist eine wonnevolle Pein!

So immer Seelenblick im Seelenblick
Auch den geheimsten Wunsch des Herzens sehen,
So wenig sprechen, und sich doch verstehen –
Ist hohes martervolles Glück!

Zum Lohn für die im Zwang verschwundne Zeit
Dann bei dem Morgenstrahl, warm, mit Entzücken
Sich Mund an Mund, und Herz an Herz sich
      drücken –
O dies ist – Engelseligkeit!

ANTON G. LEITNER

My Fair Lady

Spät öffnet sich
Das Licht.

Die Sonne steigt aus
Dem Wagen.

Sie fährt ein
Käfer-Cabrio.

»You are the sunshine
Of my life!«
Macht sie mich an.

»Handkuss?«
Frage ich und brenne
Wenig später.

Ich weiss.

Oft
wars nur ein Lachen, ein Handdruck von dir,
oder ein Härchen, ein blosses Härchen,
das dir der Wind ins Genick geweht,
und all mein Blut
gärte gleich auf,
und all mein Herz
schlug nach dir.

Dich haben, dich haben,
dich endlich mal haben,
ganz und nackt, ganz und nackt!

Und heut,
zum ersten Mal,
unten am See, glitzernd im Mittag,
sah ich dich so.

Ganz und nackt! Ganz und nackt!

Und mein Herz
stand still.

Vor Glück, vor Glück.

Und es war keine Welt mehr,
nichts, nichts, nichts,

es war nur noch Sonne, nur noch Sonne –

so schön warst du!

Blüte

Diamanten wandern übers Wasser!
Ausgereckte Arme
Spannt der falbe Staub zur Sonne!
Blüten wiegen im Haar!
Geperlt
Verästelt
Spinnen Schleier!
Duften
Weiße matte bleiche
Schleier!
Rosa, scheu gedämpft, verschimmert
Zittern Flecken
Lippen, Lippen
Durstig, krause, heiße Lippen!
Blüten! Blüten!
Küsse! Wein!
Roter
Goldner
Rauscher
Wein!
Du und Ich!
Ich und Du!
Du?!

Der Brief, den du geschrieben,
Er macht mich gar nicht bang;
Du willst mich nicht mehr lieben,
Aber dein Brief ist lang.

Zwölf Seiten, eng und zierlich!
Ein kleines Manuskript!
Man schreibt nicht so ausführlich
Wenn man den Abschied gibt.

Der Zettel

Ein Zettel in der Hosentasche
zweimal mitgewaschen
spür ich ihn plötzlich als ich
für die Parkuhr nach einer Münze suche.

Die Schrift ist verblichen
aber ich weiß sofort dass er von dir ist
sehe dich wieder wie du ihn ausreißt
aus einem blauen Notizbuch

Und auf einmal wächst das Verlangen
nach dir dich zu suchen auch wenn
ich nur den Zettel habe mit dieser
ausgewaschenen Telefonnummer.

Hohelied in Zeiten des hohen C

Als das Draußen sich nach innen stülpte
wie der Ärmel einer Jacke, als es uns alle
auf links drehte in jenen Monaten, da
blühten in den Schaufenstern Religionen,
Zusammenhalt war das Zauberwort,
Hoffnung ein trojanischer Container,
alle scharten sich um die Brennpunkte
im Fernsehen, darin Scheite aus Panik
und Trost Seit' an Seit' besinnlich knackten.

Auch wir gingen in Klausur, glaubten
an die Erscheinung des jeweils anderen.
Unsere ausgehungerten Hände stellten
einander höflich vor, bevor sie anfingen,
um Haut und Haar, Vergessenes,
lang nicht Geliebtes sich zu kümmern.
In der Kirche deines Körpers ging ich beten,
lernte die alten Lieder in diesen Gottesdiensten
neu: O dass ich tausend Zungen hätte.

Als wir nach Wochen aus dem Exil des
Zimmers traten und in die Sonne blinzelten,
hätte ich den Taxischein machen können
für das Straßennetz deiner Handlinien, ich
war Vielflieger, Bonusmeilensammler
auf der Strecke zwischen den Muttermalen
auf deinem Rücken, hätte Verfasser
eines Synonymlexikons werden können,
167 Namen allein für den verstecktesten
Winkel deines Körpers. Was bleibt davon?

Aufgeschürfte Knie. Die verblassenden
Wundmale heftiger Küsse
an Hals und Schultern.
Heilende Oberflächen. Schorf.
Ein leichtes Jucken. Glättungen.
Und natürlich dein alter Merksatz:
Lieben ist ein Tu-Wort.

Heim

Unsere Zimmer haben blaue Wände,
Und wir wandeln leisehin durch Himmelweiten,
Und am Abend legen Innigkeiten
Mit Engelaugen ineinander unsere Hände.

Und wir erzählen uns Geschichten,
Bis der Morgen kommt in Silberglocken
Und dem Dämmersteine in den Locken,
Der Sonne winkt durchs Tor von
      Wolkenschichten;

Und wie sie tanzt auf unseren wiesenhellen
Teppichen; leicht über sanftverschlungene
      Blumenstiele!
Zum Liebeslauschen laden unsere Stühle,
Und von den Pfeilern fallen Seidenquellen.

Golden

Sie machten die Türe auf
Und entschuldigten sich
Ja die drei Autos gestern
Die Besucher die Kinder
Die eigentlich nicht kommen dürfen

Aber man wollte sie nicht allein lassen
Nicht gestern nicht an dem Tag
Als sie vor 50 Jahren Ja sagten

Golden war der Morgen danach
Der Paketbote mit Mundschutz
Brachte etwas bis zur Treppe
Die Bienen besummten die rosa Wolke
Der japanischen Kirsche
Alles war wie immer

Das normale Sterben geht weiter
Sagte der Bräutigam
Aber an uns vorbei
Noch 20 Jahre
Mindestens
Ergänzte sie

TAMARA ŠTAJNER

von wachträumen

wieder
wach zer-
brochen zer-
kratzt zer-
hackt mutter die
stimme herz-
zerreiß-
end piano lontano
+ hören: *zdravo* + hören: *wenn
du möchtest reden* sagt +

liegen auf der intensivstation

skaphandermännchen über-
wachen endlich er-
wacht ausgelaugt körper

+ verwandelt zurück-
kehren lange liegen wünsche
träume ängste illusionen
visionen erzählen von wahn-
bildern + wochen-
langer intubation vom wach-
werden + lungen-
spülen

vom vater
+ vor allem vom
vater
erzählen ihm
sagen alles
sagen wollen
+ sein *halte*
durch hören auch
er vom lungen-
virus ver-
schlungen ver-
schwunden + sie
sagen hören: *sieben-*
und-
dreißig jahre nicht
getrennt jetzt
getrennt zu lange
schon

+ zwischen-
durch hören: sich
lieben sich
sehnen + sich noch
mehr lieben obwohl sie
wach + er
nicht da zum sagen:
halte durch
wenn beide
wieder unter kirsch-
bäumen liegen neu an-
fangen gemeinsam
+ dauern

weil du den dünnen arm
noch heben kannst
weil du den fuß noch setzt
den linken wenigstens

weil du am fenster sitzt
der blick nach draußen noch gelingt
weil du im mund noch spürst
wie salzig brot schmeckt

weil dein glatter scheitel
vom regen nass wird
weil du in lauten nächten
noch ein lachen hörst

weil der schmerz noch brennt
und du ihm namen geben willst
weil du sehr durstig bist
vom langen warten

weil du aufgewacht bist
die tasse halten kannst
weil du noch gründe hast
und ein zwei worte

das ist viel

Oft denk ich, sie sind nur ausgegangen,
Bald werden sie wieder nach Haus gelangen,
Der Tag ist schön, o sei nicht bang,
Sie machen nur einen weitern Gang.

Jawohl, sie sind nur ausgegangen,
Und werden jetzt nach Hause gelangen,
O, sei nicht bang, der Tag ist schön,
Sie machen den Gang zu jenen Höhn.

Sie sind uns nur vorausgegangen,
Und werden nicht hier nach Haus verlangen,
Wir holen sie ein auf jenen Höhn
Im Sonnenschein, der Tag ist schön.

RAINER WEDLER

mein Garten

keine Säge
keine Spitzhacke
kein Gärtner

mein Garten altert mit mir

jeder Baum hat seine Geschichte
mit mir

heimlich ausgegraben ein Palmenwinzling
im südlichen Lustgarten Richards des Freundes
als er malte in der Klausur seines Ateliers
eine verdorrende Pinie für mich

heute seh ich wie die hohe Palme
sich mit der ausladenden Feige
verheddert
gestohlen bei Martha
die den Flügel mit wilden Fingern
an seine Grenzen brachte

die Linde ragt weit über das Dach
als sie kleines aufrechtes Unkraut war
hab ich sie nicht herausgerissen

viele Vögel wollen mit mir sprechen

Vorsätze

Das gehört dir
Das gehört mir
Wir teilen uns den Himmel auf
Auch das Blau zwischen
Bäumen
Dächern
Gesichtern
Wir schreiben unsere Wünsche hinein
in verschlüsselter Wolkenschrift
unsere Vorsätze
Wir wissen
dass sie verwehen
Da beginnst du leise
vorzulesen
Und ich lese zurück
Jetzt
sagst du
müssen wir sie ernst nehmen.

Verzeichnis der Autorinnen und Autoren, Gedichte und Druckvorlagen

BERTOLT BRECHT (1898–1956)   115
16   Vom Schwimmen in Seen und Flüssen
         Die Gedichte. Hrsg. von Jan Knopf. Frankfurt am Main:
         Suhrkamp, 2007. S. 72 f. – © Suhrkamp Verlag, Frankfurt
         am Main 2007. Alle Rechte bei und vorbehalten durch
         Suhrkamp Verlag Berlin.

ANNA BREITENBACH (geb. 1952)
54   Wolliges*
         Mit Genehmigung von Anna Breitenbach, Esslingen und
         Elmo (Italien).

JÜRGEN BULLA (geb. 1975)
52   Wieder hin*
         Mit Genehmigung von Jürgen Bulla, München.

ERIKA BURKART (1922–2010)
83   Mann, einen Baum pflanzend
         Spiegelschrift. Gedichte – die große Auswahl. Hrsg. und
         mit einem Vorwort von Ernst Halter. Zürich: Limmat
         Verlag, 2022. S. 237. – © 2022 by Limmat Verlag, Zürich.

WILHELM BUSCH (1832–1908)
13   Vertraut
         Wilhelm Busch: Sämtliche Werke. Hrsg. von Otto Nöl-
         deke. Band 6. München 1943. S. 377.

MATTHIAS BUTH (geb. 1951)
107 Golden
         Die Weiße Pest, Gedichte in Zeiten der Corona, Palm-
         ArtPress, Berlin 2020, S. 42. – Mit Genehmigung von
         PalmArtPress.

116 GEORG BYDLINSKI (geb. 1956)
78 Herbstspaziergang*
Mit Genehmigung von Georg Bydlinski, Mödling
(Österreich).

PAUL-HENRI CAMPBELL (geb. 1982)
94 geschälte mandarinen
Originalbeitrag. – Mit Genehmigung von Paul-Henri
Campbell, Großwallstadt und Wien (Österreich).

MAX DAUTHENDEY (1867–1918)
26 Ich möcht' wie ein Baum mich am Weg aufpflanzen
Gesammelte Werke in 6 Bänden. Band 4: Lyrik und klei-
nere Versdichtungen. München: Albert Langen, 1925.
S. 246.

RICHARD DEHMEL (1863–1920)
27 Radlers Seligkeit** (1)
35 Machtsprüche II (2)
Deutsche Chansons (Brettl-Lieder). Von Bierbaum, Deh-
mel, Falke, Finckh, Heymel, Holz, Liliencron, Schröder,
Wedekind, Wolzogen. Berlin und Leipzig: Schuster &
Loeffler, 1900. S. 40. (1)
Gesammelte Werke in drei Bänden. Erster Band. Berlin:
S. Fischer, 1913. S. 91. (2)

HILDE DOMIN (1909–2006)
40 Nicht müde werden
Gesammelte Gedichte. Frankfurt am Main: S. Fischer,
1991. S. 294. – © 1987 S. Fischer Verlag GmbH, Frankfurt
am Main.

118 ROBERT GERNHARDT (1937–2006)

    77 Diagnose Krebs oder Alles wird gut
        Gesammelte Gedichte. 1954–2006. Frankfurt am Main:
        S. Fischer, 2006. – © 2006 S. Fischer Verlag GmbH,
        Frankfurt am Main.

JOHANN WOLFGANG GOETHE (1749–1832)

    46 Trost in Tränen** (1)
    80 Hoffnung** (2)
        Gedichte. Hrsg. von Bernd Witte. Stuttgart: Reclam,
        2001. S. 108 (2) und 266 f. (1).

BORIS GREFF (geb. 1973)

    23 Atempause*
        Mit Genehmigung von Boris Greff, Merzig an der Saar.

WOLF-DIETER GRENGEL (geb. 1938)

    113 Vorsätze*
        Mit Genehmigung von Wolf-Dieter Grengel, Ingelheim.

UWE-MICHAEL GUTZSCHHAHN (geb. 1952)

    103 Der Zettel*
        Mit Genehmigung von Uwe-Michael Gutzschhahn,
        München.

IRENA HABALIK (geb. 1955)

    56 Es ist Zeit, sagst du*
        Mit Genehmigung von Irena Habalik, Wien (Österreich).

MEIKE HARMS (geb. 1982)

    66 Fink Positive*
        Mit Genehmigung von Meike Harms, Gilching.

43 Kluge Sterne (1)
102 *Der Brief, den du geschrieben* (2)
      Sämtliche Gedichte. Kommentierte Ausgabe. Hrsg. von
      Bernd Kortländer. Stuttgart: Reclam, 2006. S. 298 (2)
      und 399 (1).

EMMY HENNINGS (1885–1948)
10 Wie schön ist es**
      Lugano. Organo officiale della Società Albergatori e
      dell'Associazione Pro Lugano e Dintorni. Offizielles
      Fremdenblatt. Jg. 35, 28.10.1926, S. 2.

SIBYLLE HOFFMANN (geb. 1951)
31 Im Auge der Kamera*
      Mit Genehmigung von Sibylle Hoffmann, Hamburg.

FRIEDRICH HÖLDERLIN (1770–1843)
80 Ehmals und Jetzt
      Friedrich Hölderlin. Sämtliche Werke. Große Stuttgarter
      Ausgabe. Band 1: Gedichte bis 1800. Hrsg. von Friedrich
      Beißner. Stuttgart: Kohlhammer, 1946. S. 246.

ARNO HOLZ (1863–1929)
21 *Schönes, grünes, weiches Gras.* **
99 *Ich weiss.* **
      Phantasus. Faksimiledruck der Erstfassung. Hrsg.
      von Gerhard Schulz. Stuttgart: Reclam, 1968. S. 12 (1)
      und 40.(2)

KLÁRA HŮRKOVÁ (geb. 1962)
95 Enkel*
      Mit Genehmigung von Klára Hůrková, Aachen.

120 MATHIAS JESCHKE (geb. 1963)
   14   Das wilde Leben*
       Mit Genehmigung von Mathias Jeschke, Stuttgart.

MASCHA KALÉKO (1907–1975)
   19   Sozusagen grundlos vergnügt
       Mein Lied geht weiter. Hundert Gedichte. Ausgewählt
       und hrsg. von Gisela Zoch-Westphal. München:
       Deutscher Taschenbuch Verlag, 2007. S. 89 f. – © Mit
       freundlicher Genehmigung von dtv Verlagsgesellschaft
       mbH & Co. KG.

ERICH KÄSTNER (1899–1974)
   92   Stiller Besuch
       Ein Mann gibt Auskunft. Neuausgabe. Zürich: Atrium
       Verlag, 2015. S. 59 f. – © Atrium Verlag, Zürich 1930 und
       Thomas Kästner.

REINHARD KIEFER (geb. 1956)
   64   *so sollte es sein**
       Mit Genehmigung von Reinhard Kiefer, Aachen.

CHRISTOPH KLEINHUBBERT (geb. 1962)
   75   Austernzeit*
       Mit Genehmigung von Christoph Kleinhubbert, Herne.

FRANK KLÖTGEN (geb. 1968)
   22   Dreisatzrechnung
       Lebhaft im Abgang. Tödliches & Tröstliches in 200 Ge-
       dichten. Berlin: Satyr 2021. S. 184. – Mit Genehmigung
       von Frank Klötgen, München.

122 ALFRED LICHTENSTEIN (1889–1914)

11 Mondlandschaft**
   Gesammelte Gedichte. Aufgrund der handschriftlichen
   Gedichthefte Alfred Lichtensteins kritisch hrsg. von
   Klaus Kanzog. Zürich: Die Arche, 1962. S. 66.

SALEAN A. MAIWALD (geb. 1948)

96 Verwandt*
   Mit Genehmigung von Salean A. Maiwald, Berlin.

KURT MARTI (1921–2017)

79 großer gott klein
   Werkauswahl in fünf Bänden. – © 1996 Nagel & Kimche
   in der MG Medien Verlags GmbH, München.

SELMA MEERBAUM-EISINGER (1924–1942)

28 Spätnachmittag** (1)
81 Frühling** (2)
   Ich gehe mit der Nacht vereint. Sämtliche Gedichte aus
   dem Album Blütenlese. Hrsg. von Markus May. Stutt-
   gart: Reclam, 2021. S. 27 (2) und 29 (1).

NILS MOHL (geb. 1971)

57 mal hoffen gesagt*
   Mit Genehmigung von Nils Mohl, Hamburg.

CHRISTIAN MORGENSTERN (1871–1914)

18 Wenn es Winter wird**
   Klein Irmchen. Ein Kinderliederbuch. Mit Illustrationen
   von Josua Leander Gampp. Berlin: Bruno Cassirer, 1921.
   S. 27.

EDUARD MÖRIKE (1804–1875)   123

63 *Nur nicht wie die Unken*
        Rudolf Krauß: Eduard Mörike als Gelegenheitsdichter.
        Aus seinem alltäglichen Leben. Stuttgart u. a.: Deutsche
        Verlags-Anstalt, 1895. S. 91.

DAGMAR NICK (geb. 1926)

76 Herz
        Getaktete Eile. Gedichte. Aachen: Rimbaud Verlag, 2021.
        S. 16. – © 2021 Rimbaud Verlag, Aachen.

HELLMUTH OPITZ (geb. 1959)

104 Hohelied in Zeiten des hohen C
         Originalbeitrag. – Mit Genehmigung von Hellmuth
         Opitz, Bielefeld.

MATTHIAS POLITYCKI (geb. 1955)

49 Wehmut*
        Mit Genehmigung von Matthias Politycki, Wien
        (Österreich).

LUTZ RATHENOW (geb. 1952)

40 Hoffnungslicht. Rebellion
        Maskierungszärtlichkeit. Dresdner Gedichte. Dresden:
        Verlag SchumacherGebler, 2021. – Mit Genehmigung von
        Lutz Rathenow, Berlin.

RAINER MARIA RILKE (1875–1926)

30 Das Rosen-Innere
85 Der Apfelgarten**
        Gedichte. Auswahl und Nachwort von Dietrich Bode.
        Stuttgart: Reclam, 1997. S. 158 f. und 163.

124 JOACHIM RINGELNATZ (1883–1934)
12 Morgenwonne
Gedichte. Hrsg. von Walter Pape. Stuttgart: Reclam,
2019. S. 104.

FRIEDRICH RÜCKERT (1788–1866)
111 *Oft denk ich, sie sind nur ausgegangen*
Gedichte. Hrsg. von Walter Schmitz. Stuttgart: Reclam,
1988. S. 166 f.

GERHARD RÜHM (geb. 1930)
50 im hof*
Mit Genehmigung von Gerhard Rühm, Köln und Wien
(Österreich).

SALLI SALLMANN (geb. 1953)
53 Altenheim*
Mit Genehmigung von Salli Sallmann, Berlin.

PHILIP SAß (geb. 1988)
42 Die Entführung*
Mit Genehmigung von Philip Saß, Dänischenhagen.

SABINE SCHIFFNER (geb. 1965)
89 meine mutter und ich*
Mit Genehmigung von Sabine Schiffner, Köln.

FRIEDRICH SCHILLER (1759–1805)
51 Hoffnung
Gedichte. Hrsg. von Norbert Oellers. Stuttgart: Reclam,
2019. S. 142.

126 LUDWIG STEINHERR (geb. 1962)
   39 Hallo!*
       Mit Genehmigung von Ludwig Steinherr, München.

THEODOR STORM (1817–1888)
   87 Trost
       Gedichte. Auswahl. Hrsg. von Gunter Grimm. Bibliogra-
       phisch ergänzte Ausgabe. Stuttgart: Reclam, 1997. S. 22.

AUGUST STRAMM (1874–1915)
   101 Blüte
       Gedichte – Dramen – Prosa – Briefe. Hrsg von Jörg
       Drews. Stuttgart: Reclam, 1997. S. 32.

KURT TUCHOLSKY (1890–1935)
   33 Das Lächeln der Mona Lisa
       Gedichte. Hrsg. von Mary Gerold-Tucholsky. Reinbek
       bei Hamburg: Rowohlt, 1983. S. 1928.

FRANK WEDEKIND (1864–1918)
   45 Erdgeist**
       Gedichte und Lieder. Hrsg. von Gerhard Hay. Stuttgart:
       Reclam, 2001. S. 30.

RAINER WEDLER (geb. 1942)
   112 mein Garten*
       Mit Genehmigung von Rainer Wedler, Ketsch.

THOMAS WEIẞ (geb. 1961)
   110 *weil du den dünnen arm**
       Mit Genehmigung von Thomas Weiß, Baden-Baden.

Die mit * markierten Gedichte wurden erstmals veröffent-
licht in:
Das Gedicht. Zeitschrift für Lyrik, Essay und Kritik. Bd. 29:
Hoffnung & Aufbruch. Hrsg. von Anton G. Leitner. Weßling:
Leitner Verlag 2021.

Die mit ** markierten Gedichte wurden für diese Ausgabe
behutsam modernisiert.

Zum Herausgeber

ANTON G. LEITNER, geb. 1961 in München, lebt als Schriftsteller, Herausgeber und Verleger in Weßling. Seit 1993 ediert er die Jahresschrift *Das Gedicht*. Leitner veröffentlichte bislang mehr als 40 Anthologien, zuletzt im Reclam Verlag *Gedichte für alle Liebeslagen* (2021) und *Die Bienen halten die Uhren auf. Naturgedichte* (2020). Von ihm erschienen bislang vierzehn lyrische Einzeltitel, zuletzt *Wadlbeissn. Zupackende Verse* (Volk Verlag, München 2021). Eine Werkauswahl seiner Gedichte wurde ins Englische sowie ins Französische übertragen (Selected Poems 1981–2015, Dublin: SurVision Books, 2018; voix en plein trafic / Stimmen im Verkehr, Thonon-les-Bains: Alidades | collection Bilingues, 2020). Leitner wurde mehrfach für sein literarisches Schaffen ausgezeichnet, u. a. mit dem V. O. Stomps-Preis der Stadt Mainz, dem Tassilo-Kulturpreis der *Süddeutschen Zeitung* und dem Deutschen Verlagspreis 2022 der Beauftragten der Bundesregierung für Kultur und Medien.

www.AntonLeitner.de
www.DasGedicht.de